MEIN FINALES BUCH MIT MEINEN BESTEN
POETRYS UND FOTOS AUS MEINEN BOOKS
PLUS FRÜHLING 2025 SPECIAL

VON GERD STEINKOENIG (ich, der Autor)

MICHELLE CONNERY (meine Seele)

BEATRICE FARBER (meine Zeitläuferin)

1970er

Ein Mix aus History, Musik, mein Leben

Gartenzwergkleinbürger wurden langhaarig, Selbstbestimmung und erstmals Betriebsrat überall der Arbeitnehmer (es war eine große Zeit als Arbeitnehmer - heute sind Arbeitnehmer Sklaven, durch Chefs sind Arbeitnehmer psychisch geschädigt), bei meinen Schulen war positiv viel: Demokratie-Diskussionen eines Lehrers und der Klasse / eine Lehrerin war in der Warteschleife wegen dem sogenannten Radikalenerlass: natürlich war sie sehr gut (von Der Spiegel, Tagesschau-Referat für 5 Tage, Floh de Cologne-Konzert - ich durfte nicht wegen Vater zum Konzert...) / ein Englisch-Vertreterlehrer spielte Time von Pink Floyd und wir übersetzten/diskutierten / Literatur-Unterricht in der Handelsschule! Der Kalte Krieg USA/die Demokratie vs UdSSR/der Kommunismus, Tanz auf dem Vulkan wegen Atomangst, Deutscher Herbst 1977 (Schleyer, RAF 2. Generation), Rumble in the Jungle/Thrilla in Manila (Ali, die 2 Best Boxfights ever), Deutscher Fußball mit Netzer (der erste Popstar im Fußball) / Beckenbauer (Der Kaiser) / Gerd Müller (der Bomber), Musik im TV: ZDF-Hitparade/Disco/Musikladen/Rockpalast-Nächte etc (zB mit Abba, Boney M, Sweet, Meat Loaf, The Police, Peter Gabriel, Spirit, Little Feat, Rolling Stones, AC/DC etc) - und alles in ARD/ZDF..., Musik mit meinem Casettenrecorder mit Europawelle Saar und SWF 3-Popshop, Musik mit meinen Studentenkneipen / Discotheken / Kumpels mit Genesis bis Pink Floyd bis Jethro Tull bis Frank Zappa bis Yes - bis You Should Be Dancing, I Want Your Love, Lovemachine....! In den 1970ern war mehr Freiheit, Experimente, Idealismus, Respekt, Gemeinschaft - ohne Woke, keine Sprachpolizei. In den 1980ern war es auch, da hatte ich meine Lebens-Überholspur von vielen Lebensfacetten, Jobs, Städte, Frauen, inkl viele gesehene Konzerte zB Genesis/Pink Floyd/Marillion/Neil Young/Jethro Tull etc, Globetrotter-Tour 1986, meine Verlobte.

Foto: der Autor

C P Gerd Steinkoenig Gerd Stein 9. April 2025 II

Gerd's Music: my own books, Tonträger (10.04.25)

FRÜHLING 2025 - kleine Auswahl von 4 Foto-Sessions in 4 Tagen (plus ca 10 Videos) - mit über 250 Fotos... Eine Art "Best of Frühling 2025 Annweiler am Trifels / Landau in der Pfalz"

Schwanenweiher Annweiler, eine Entenmutter mit vielen kleinen Babys, Blüten überall etc.

Weitere Frühling 2025-Session (kleine Auswahl)

Ein paar Ecken von Landau in der Pfalz, Annweiler am Trifels im April 2025!

Mit Marktplatz Landau, Französisches Tor Landau, Bahnhof Annweiler etc...

Viele weitere Fotoecken in vielen Büchern des Autors, zB Landau Fort, Kloster, weitere Kirchen, Amtsgericht etc... Für Außenstehende: hää? Amtsgericht?? In Landau sind viele Häuser aus der Französischen Revolution, und das AG ist majestätisch geil! Seht einfach bei meinen Büchern...

Und apropo Frühling 2025:

FRÜHLING 2025

Überall in der SÜW mit weißen, rosa, gelben Blüten

Schönheit, Natur, Sonne, blauer Himmel

Meine Seele freut sich mit Lebenssonne

Ich freue mich mit Fotos und Laufwege

Gartenzwergkleinbürger interessiert das nicht

Überall auf der Welt ist Zollkrieg, NWO

Durch den faschistischen Geisteskranken Trump

Meine Seele hat trotzdem positive Energien

Vielleicht ist bald Krieg wegen Putin, Trump

Gartenzwergkleinbürger interessiert das nicht

C P 8. April 2025 Gerd Steinkoenig Gerd Stein

Foto: Collage Der Spiegel 15/25, Landau Süd (Autor)

MY FAVE BAND OF MY LIFE: GENESIS!! MANY IN MY BOOKS...

THE LAMB LIES DOWN ON BROADWAY

The Lamb Lies Down On Broadway is the sixth studio album by the progressive rock band GENESIS.

It was released as a double album on 22 November 1974, It's last album the lead vocalist

Peter Gabriel.

UND NOCHMAL (SIEHE 3 bzw 4 BOOKS DAZU) MAGIC MYSTERY MUSIC (aus Good Times
April/Mai 2025)

FOREIGNER
FOREIGNER

Viele US-Reissue-Spezialisten sind dazu übergegangen, beim Remastern zweigleisig zu fahren. Analog schneiden sie in hochwertiges Vinyl eine LP mit 33/13 Umdrehungen oder gleich zwei schnelllaufende 45er. Parallel überspielen sie – wie hier Analogue Productions – aber auch digitale Kopien in hoher Auflösung für SACDs, genauer Hybrid-SACDs, die auch in normalen Playern laufen. So kommt jetzt auch das Debüt von Foreigner als sanft-güldene Zwölf-Zentimeter-Scheibe. Mit gutem altem Rock hielten Foreigner 1977 gegen die Punkwelle aus UK. Sie standen in der ersten Linie der Phalanx, gaben mit FOREIGNER die Marschrichtung vor. Melodiöser Hard Rock, Stadion- und Luftgitarren-geeignet. Aber nicht jeder Song der Truppe um Sänger Lou Gramm und Gitarrist Mick Jones hat die Klasse von "Feels Like The First Time", des Allzeitkrachers "Cold As Ice" oder des heimlichen Top-Titels "At War With The World". Dennoch verkaufte sich der Longplayer rund fünf Millionen Mal. Ob heute nun SACD oder Do-LP besser tönt, ist eine Frage des Equipments.
(Analogue Productions, 10 Tracks,
VÖ: 10.01.2025)
                              lbr

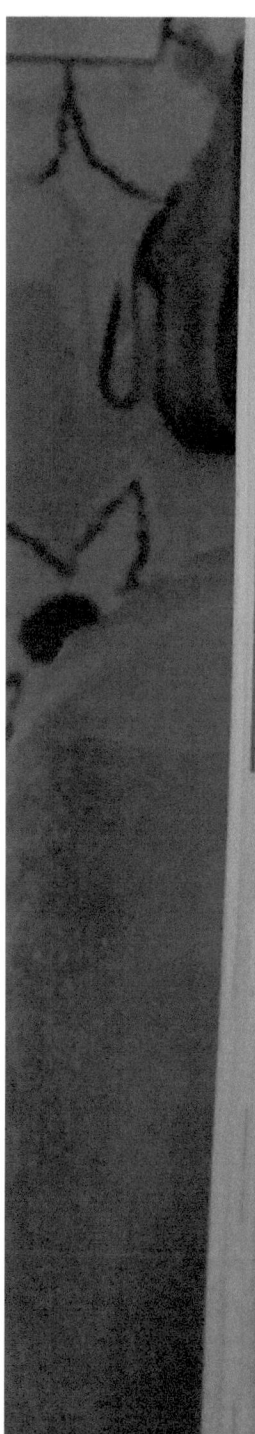

SWEET
NEW YORK CONNECTION

Dass Sweet aktuell alles andere als eine Oldie-Combo sind, die sich mit regelmäßigem Tingeln über die Dörfer ihre karge Rente aufbessert, davon kann sich jeder selbst ein Bild machen. Aktuell ist die britische Band wieder quer durch Deutschland unterwegs und zeigt sich dabei in bestechender Form. Großen Anteil daran dürfte die Musikerauswahl des letzten verbliebenen Originalmitglieds Andy Scott haben, der das Line-up ständig aktualisiert und der Band und ihrem Sound immer wieder frischen Wind verpasst. Das war auch im Jahr 2012 so, als Gitarrist Scott zusammen mit Pete Lincoln (voc, b), Tony O'Hara (keys) und Bruce Bisland (dr) mit NEW YORK CONNECTION zahlreiche, zum Albumtitel passende Stücke aus fremder Feder einspielte, von "New York Groove" (Russ Ballard, Hello) über "Because The Night" (Bruce Springsteen, Patti Smith), "Blitzkrieg Bop" (Ramones) und "Sweet Jane" (Velvet Underground) bis zu "Shapes Of Things" (The Yardbirds). Für die Mitte April erscheinende Neuauflage wurde das Album um vier Bonustracks erweitert, drei neue Special-Mixes sowie einen 2013er Livemitschnitt vom „Live At Sweden Rock" Festival.
(Metalville, 15 Tracks,
VÖ: 18.04.2025)   us

Nach dem
CERT 198
scheint jet
ein 8-CD-
Studio-Alb
bisher so
CAME FIR
lieferte He
dem nie r
HOUSE, S
WHO'S NI
foto zeigt
und ist e
sophische
Das Huhn
Stammba
nutzte To
der Zusa
bei der T
Eric Clap
Charlie
Orcheste
Townshe
dem brit
ley. EMP
Thomas
das näch
Themen
Zeit zu
und der
"Rough
wurde
My Lov

TOP 30 – ALBUM-C

	D	
1	**Mireille ... Mireille** *Mireille Mathieu*	
2	**Udo '70** *Udo Jürgens*	
3	**Easy Rider** *Soundtrack*	
4	**Bridge Over Troubled Water** *Simon & Garfunkel*	
5	**In-A-Gadda-Da-Vida** *Iron Butterfly*	
6	**Hair** *Soundtrack*	
7	**Led Zeppelin II** *Led Zeppelin*	
8	**Golden Non Stop Dancing 10** *James Last*	
9	**Stunde der Stars (1970)** *Various Artists*	
10	**Non Stop Dancing 9** *James Last*	
11	**Vergißmeinnicht – Stern-Stunde der Musik** *Various Artists*	
12	**Black Sabbath** *Black Sabbath*	
13	**Star-Revue 1/70** *Various Artists*	
14	**Benefit** *Jethro Tull*	
15	**In Rock** *Deep Purple*	
16	**Ich sing' ein Lied für dich** *Heintje*	
17	**Schlager-Rendezvous (3. Folge)** *Peter Alexander*	

en Nevi...
Das Grün-
onvention
itlicht, sein
schaffte es
Dazu ste-
e etwa der
an", in sei-

r nachhalti-
Queen **Doro**
nes Solode-
oldplatte für
erhalten, die
g bis heute
hrer 40-jäh-
izerte in über
iehr als zehn
Mann und die

Großbritanni-
länger in den

des legendären Hubert Sumlin gestartet, mit dem er bis 2003 regelmäßig auf Tournee ging+++

In einem Elvis-Outfit rockte **Cher**, als sie am 6. März beim neunten „Love Rocks NYC"-Benefizkonzert im New Yorker Beacon Theatre auftrat. Das Konzert, das die Wohltätigkeitsorganisation God's Love We Deliver unterstützt, bot musikalische Darbietungen von Cher, Mavis Staples, Michael McDonald, Beck, Alicia Keys und Bill Murray. Zwei Tage vor dem Konzert hatte Cher in der Küche von God's Love We Deliver in New York vorbeigeschaut, um den Freiwilligen und Mitarbeitern persönlich für ihre harte Arbeit beim Kochen und Ausliefern von medizinisch abgestimmten Mahlzeiten für Menschen zu danken, die zu krank sind, um selbst einzukaufen oder zu kochen. Während ihres Auftritts sang sie Marc Cohns "Walking In Memphis", "Song For The Lonely" und zum Abschluss "Believe"+++

„**Pink Floyd** At Pompeii – MCMLXXII", der Konzertfilm aus dem Jahr 1972, der unter der Regie von Adrian Maben entstand, kehrt in die Kinos zurück! Ab dem 24. April wird er in ausgewählten Kinos laufen. Die restaurierte Version des Films wurde anhand der originalen 35-mm-Aufnahme digital remastert, Steven Wilson zeichnet für den neuen Audio-Mix verantwortlich. Parallel wird auch das Live-Album PINK FLOYD AT POMPEII – MCMLXXII neu aufgelegt, erstmals in Dolby Atmos und auf Vinyl. Der Film zeigt die Band im Oktober 1971 vor der atemberaubenden Kulisse des Amphitheaters von Pompeji in einem intimen Rahmen ohne Publikum und bietet auch seltene Einblicke hinter die Kulissen, die die Band in den Abbey Road Studios bei den ersten Sessions zu THE DARK SIDE OF THE MOON zeigen+++

Die **New Model Army** hat ein neues Live-... 28. März angekündigt: LIVE

en 1975er Song
n er seit elf Jah-
ührt hatte, und
o My Life". Zu
örten "Let Me
ine gejammte
x. McCartney
r den „letzten
d Then" aus
den Lennon
rieben hat-
ertiggestellt

MUSIC wird
Eagles-Gi-
dessen Ver-
ngekündigt
Kollegen
ast (b), die
Bissonet-
Keyboar-
illinganes
nlung von
rzehnten

nee, oft von The Special AKA begleitet,
einer Splitterformation der Specials. Dies
war auch bei seinem Konzert am 21. Ok-
tober 1981 in Bremen der Fall. Noch vor
Ostern kommt dessen Mitschnitt als CD
und digital auf den Markt+++

Ab 1975 übernahm Alan Parsons bei **Al
Stewart** die Regie im Studio und produ-
zierte mit ihm zwischen 1975 und 1978
die Millionenerfolge MODERN TIMES,
YEAR OF THE CAT und TIME PASSAGES.
Diese Alben lieferten denn auch die Songs
für Stewarts Gastspiel im „Musikladen"
bei Radio Bremen 1979, bei dem ihn Pe-
ter White (g), Robert Alpert (keys), Krysia
Christianne (backvoc) und Schlagzeuger
Harry Stinson (Leon Russell, Bob Dylan,
Neil Diamond) begleiteten, die später die
AOR/Melodic-Rock-Band Shot In The
Dark gründeten. Ihr selbst betiteltes Debüt
erschien bei Robert Stigwoods RSO-Label
und wurde von Stewart produziert. Anläss-
lich seines 80. Geburtstages im September
plant Stewart für Oktober 2025 seine
Abschiedstournee („The Farewell Tour")
durch das UK, doch zuvor erscheint Ende
März sein „Musikladen"-Gastspiel in einer
CD/DVD-Kombi+++

US-Sängerin **Candice Night**, Stimme der
Renaissance-Rockband Blackmore's Night,

tion **The**
Studios in
duzent an
ton (Fargo
die Aufna
vergriffen
18. April
war damal
Magnus E
zurückkeh

Bei der „
Heart trat
und konze
fünf Tage
war. Die 7
se im verg
nachdem
zeichnete
worden wa
unterzogen
Behandlung
dass ihre a
bleme auf e
zurückzufüh
Ellbogen an
te. Die Tour
Vegas begor
durch die US

Nachdem di
mern begann
und Keyboar
Namen der C

war die Entscheidung für einen Namen getroffen. Und bis zuletzt konnte jeder der Beteiligten damit sehr gut leben.

Als TALES OF MYSTERY AND IMAGINATION im Mai/Juni 1976 erschien, waren Fans progressiver Rockmusik auf die neue Band aufmerksam gemacht worden, indem diese mit reichlich Vorschusslorbeeren bedacht worden war. Vor allem, dass man es hier mit jenem Techniker zu tun bekam, der DARK SIDE OF THE MOON zur klanglichen Vollendung gebracht hatte, war ein gewichtiges Argument. Ebenso die bis heute zu jeder Alan-Parsons-Geschichte gehörende Anekdote, dass er für sein Debüt die Arbeit an WISH YOU WERE HERE von Pink Floyd abgelehnt hatte. Der Verkauf rollte in Deutschland eher schleppend an. Hier dauerte es fast ein Jahr, bevor das Album in den LP-Charts auftauchte (April 1977). Danach war dann nicht nur am Ende ein Rang 11 drin, sondern einer der Dauerbrenner des Jahrzehnts. Die LP hielt sich satte 186 Wochen in der Liste der besten 100 Alben. Kein anderes Werk der Soundfetischisten konnte diese lange Chartpräsenz wiederholen. Da die Platzierungen in den Verkaufshitlisten immer nur Momentaufnahmen sind und verdeutlichen, wie

nicht anders. Allerdings kann man in d konstatieren, dass The Alan Parsons nur durchweg mit überirdischen Mel tete, sondern diese derart gestaltet h bei aller Dramatik und bei allem Pomp Ohr gingen und im Gehirn niezentrum ansprachen. Da les-Niveau. Man braucht n Of Amontillado" hören un eine Verschmelzung der Mu "She's Leaving Home" und von "A Day In The Life". Oder Paradise", der nicht nur kor "Across The Universe" zitiert („Man ka einer der größten Popbands aller Zeiten arbeiten, ohne dass etwas auf einen al Parsons, 1996). Im direkten Gegensatz die groovige Single-Auskopplung "(The Doctor Tarr And Professor Fether", die speziell für den Dancefloor geschaffen dort aber bestens funktioniert hätte.

Auch wenn mit dem 15-minütigen, i men unterteilten "The Fall Of The Usher" auf der B-Seite ein sinfonisches talwerk im Stil eines Filmscores den Kern

(BGA Music, 13 Tracks,
VÖ: 13.09.2024)   pro

MIKE & THE MECHANICS
LOOKING BACK – LIVING THE YEARS

Was meine Genesis-Kollegen Peter Gabriel, Phil Collins, Tony Banks, Anthony Phillips und Steve Hackett können, kann ich auch. Mag sich Gitarrist/Bassist Mike Rutherford vor 40 Jahren gedacht haben. Nachdem seine ersten beiden Solo-Alben unter eigenem Namen mehr oder weniger gefloppt waren, brachte er 1985 mit Mike & The Mechanics eine Band an den Start. Die Mechaniker wechselten im Laufe der Jahre öfter, vor allem die Sänger: Waren anfangs Paul Young (†2000) und Paul Carrack dabei, singen aktuell Andrew Roachford und Tim Howar. Und schon die ersten beiden Singles "Silent Running (On Dangerous Ground)" (USA #8, DE #8, UK #21) und "All I Need Is A Miracle" (USA #5, (D #26, UK #27) schlugen voll ein, hievten den Rock-Pop-Act auf die Musikweltkarte. Noch intensiver tat dies 1988 "The Living Years" (USA #1, UK #2, D #13). Es versteht sich, dass die Nummern jetzt wie (fast) alle Singles in der Werkschau LOOKING BACK – LIVING THE YEARS enthalten sind, auch die weniger erfolgreichen Auskopplungen.
(Universal, 16 Tracks,
VÖ: 14.03.2025)   pro

2025

15.03. DRESDEN | Tante Ju
29.03. SOEST | Stadthalle
05.04. GELNHAUSEN | Wa
11.04. MÖRFELDEN | Bü
12.04. BONN | Harmoni
10.05. HEIDELBERG | H
02.08. WERTHEIM | Bu
15.08. SAARBURG | O
08.11. FULDA | KUZ K
21.11. FREIBURG | Ja
22.11. GEISELWIND
28.11. ERLENBACH
05.12. AUGSBURG |
06.12. INNING a. A
07.12. NÜRNBERG

web: www.pu
fb / insta: pulseth

Der Autor ist kein Jäger, sondern Sammler: viele Musik-CDs, weitere Tonträger, Visuellträger, Musikhefte, weitere Printmedien, alte Mappen, Tagebuch 1973, Stick mit meinen 5 TV-Musik-Shows "SMOKE", Bücher, meine eigenen Bücher wie dieses Buch... Alles dabei - mit "WILD MIX by Gerd" mit Blood On The Rooftops (Genesis-Song & 4 eigene Books...), The Beatles (u.a. CDs, Vinyl-Single Michelle/Girl, aus Musikhefte, aus

Musikbüchern, aus meinen eigenen Books, Video...), Stephen King, Simmel, Pink Floyd, 2001 - Odysee im Weltraum, Einer flog über das Kuckucksnest, Shining (Video und Buch), Marianne Rosenberg, James Last, AC/DC, Der Spiegel, Stern, Kicker, Eclipsed, Rolling Stone, PM, Steve Hackett, Deep Purple, Led Zeppelin, Complete TV Loriot-DVD-Box, Complete Twin Peaks-DVD-Box (ALLE 3 Staffeln!), Kate Bush, Neil Young, Billie Holiday, Prince, Edith Piaf, The Warriors, einfach WILD MIX by Gerd... Natütlich nur ein klitzekleines Ausschnittchen...

VON DER FREIHEIT BIS ZUR UNIFORMIERUNG BIS ZUM UNTERGANG

1975: freie Meinungsäußerung, Solidarität, gesellschaftliche Gemeinschaft! Natürlich war 1975 Kalter Krieg, Umweltzerstörung, zu viel Patriarch in den Familien, zu viel legale Drogen, Idioten sind immer da. 1975 heißt aber: Experimente, Idealismus, Respekt, lange Haare und freie Liebe, es war einfacher mit den Medien (da war ja gefühlt nur ARD, ZDF, BILD, Der Spiegel, Stern - ohne Smartphone, Social Networks).

2025: keine freie Meinungsäußerung, keine Solidarität, keine gesellschaftliche Gemeinschaft! Natürlich ist 2025 Uniformierung durch political corectness, Woke, Medien. Familien sind moderner, Menschen sind individueller mit ihren Synapsen. 2025 = wie aus den 1950ern: Zensur zB bei facebook (politische undemokratische Worte ist normal, aber wehe da ist ein nackter Nippel), uniformierte Propaganda, beim US-Playboy ist kein Playmate/bei BILD ist kein Seite 3-Girl (beim Stern in den 70ern waren im Titel nackte Brüste normal), und Trump will seine Weltherrschaft und will Europa aus machen und will die Neue Weltordnung. Ist ja schön mit Internet mit facebook und Co, mit self publishing Buchverlag, mit Wikipedia. Dadurch ist leider durch Smartphone, Social Networks, der rechte Rand von Trump/ Orban/Meloni/Weidel/Le Pen und Co. Der Anfang vom Ende! Die Menschen sind bald vorbei - die Natur lacht und freut sich und wächst zB über Berlin, New York City, Paris, Peking, London, Rom mit grünem Urwald über den Eiffelturm, Brandenburger Tor, Freiheitsstatue...

C P Gerd Stein Gerd Steinkoenig 9. April 2025

Foto: der Autor

Klug zu fragen ist schwieriger,
als klug zu antworten.
(Persische Weisheit)

„Die großen Leute
verstehen nie etwas
von selbst, und es ist
ermüdend für die Kinder,
ihnen immer wieder
und wieder alles
erklären zu müssen."

Antoine de Saint-Exupéry
Schriftsteller

aus „Der kleine Prinz"

Meine-innere-Wahrheit

7. April um 10:02 ·

Kinder sehen mit dem Herzen, bis man es ihnen austreibt.

Kinder leben ihre natürliche Verbindung mit sich selbst, lieben sich, andere und alle Tiere. Es ist für sie das normalste der Welt.

Sie interessieren sich solange nicht für Verurteilung, Ausgrenzung, Denunzierung und Rassismus, solange man es ihnen nicht einbläut und vorlebt.

Kinder lieben sich selbst und ihre Eltern bedingungslos - bis sie spüren, dass ihre Eltern ihnen Bedingungen für ihre Liebe stellen. Dann muss sich das Kind zwingend entscheiden, und es wird immer die Eltern wählen, die es weiterhin bedingungslos liebt, während es sich selbst zu verurteilen beginnt, um dieses Dilemma zu lösen.

Suchen wir den Weg der inneren Wahrheit, der Verbundheit und der bedingungslosen Liebe und Selbstliebe, so dürfen wir vom Kind - gerade auch unseren Inneren Kind - lernen.

Wir dürfen vom Kind wieder lernen, was es heißt, dem Herzen zu vertrauen und mit ihm zu sehen.

Heute vor 82 Jahren, am 06.04.1943, wurde erstmals in New York "Der kleine Prinz" des französischen Autors Antoine de Saint-Exupéry veröffentlicht (siehe: https://de.wikipedia.org/wiki/Der_kleine_Prinz).

Eines der bis heute wertvollsten Bücher, die in den letzten 150 Jahren veröffentlicht wurden.

Hast du es schon einmal gelesen oder vorgelesen bekommen?

Eines meiner Lieblingsbücher!!

Eine Art Best of von my books, eine Auswahl aus vielen Büchern! Mit Poetry, Fotos! Inkl meine Zeilen 1 Tag VOR meinem Schlaganfall, Königspinguin-Schrift, Katzemäädsche-Collage etc etc...

27. MÄRZ - DIE GEBURT VON MUTTER

Hatte recherchiert über Kojak und Columbo zu dieser Überschrift. Und siehe da, ich hatte öfter falsch geschrieben! Schon im 1. Buch 2017 schrieb ich, Kojak und Columbo waren Dienstags 21:45h (ARD) abwechselnd. Ein paar müsste es so sein - aber immer anscheinend doch nicht. Ich bin echt ein Erinnerungsfreak und jetzt sowas, dank Wikipedia....

27. März 1975

Mutter's 37. Geburtstag, ich war 15 (erst am 9.11.75 war ich 16), Vater war 39 (am 6.8.75 wurde er 40). Ich war in der Handelsschule Zipp, der Sommer 1975 mit Mutter (Vater war unter den Wochen großer beruflicher Lehrgang) mit "Vom Telefon zum Mikrofon"- Wunschkonzert beim Radio, Skylab müsste auch da sein, oft mit richtigen Sommer draußen zusammen gesessen, meine MC & Radio-Musik (ab und zu LPs 74/75 mit Ball Pompös/ Udo Lindenberg, Weiße Album/Beatles), und eben in der ARD Columbo (lt Wikipedia ein paar Wochen später vom 27.3.75) und Kojak (lt Wikipedia tatsächlich ab 1973 in der ARD, ich dachte erst 75 gleichzeitig), natürlich Musikladen, Iljas Disco, ZDF-Hitparade....

27. März 2025

50 Jahre später... Mutters 87. Geburtstag, ich bin 65 (erst am 9.11.25 bin ich 66), Vater wäre 89 (am 6.8.25 wäre er 90). Mutter wohnt in Fuerteventura, das Haus von 1975 ist Vergangenheit. Frühabends haben wir tägliches Telefonat, ob alles klar ist. 2025 kommt die Neue Weltordnung, Trump will US-Autokrat sein, Europa muss erwachsen sein ohne die USA. Hatte gerade eine You Tube-Playlist über Genesis kreiert. Wenn man bedenkt was 1975 war und jetzt 2025... 2 Welten... 1975: Telefonwählscheibe, 2025: telefonieren mit Smartphone (ok, ich hab tatsächlich Old School-Festnetz), 1975: 3 TV-Programme, 2025: diverse Varianten zB bei mir Magenta TV mit Hunderten TV-Programmen (und 75 war auch mal auf dem Hausdach mit der Antenne tätärä...). Und natürlich meine Musik: 1975: Offenbarung 2025: Uniformierung. Jetzt hab ich die neue Motivation mit Mutter: de Vadder, iss doch bald bis zum 6.8.... Dann issa 90...

C P 27.März 2025 Gerd Stein Gerd Steinkoenig

65

Königspinguin, Menschebene, da Vinci!

Gerd Steinkoenig·Mittwoch, 22. Mai 2019

Der Mensch Steinkönig war vorher Königspinguin! In der Dynastie war ich in den höchsten Ebenen der Skorpion - im Mensch SkorpionSternzeichen, oder chinesische Sternzeichen Schwein. Ich bin als Schwein geschlachtet. Ganz früher in der Lebenschronologie war ich ein kleines Mäuschen, abgequikt durch die Katze... In der Hierachie bin ich weit gekommen: ich weiß aber nicht, ob Löwe oder Geopard oder Hirsch! Natürlich auch als Weibchen. Ich weiß nicht, ob ich erinnern kann. Wahrscheinlich war ich als Baum oder Bäumin als Pflanze: als Mensch verliebt in die Trauerweide. Und jetzt hat die Zeit anno 1959 die Hierachie mit neuer Ebene als Mensch neu geboren. Das erste Mal? War mein Gehirn nicht lebensfähig, dafür als Prüfung die Krankheiten heingesucht? Dann in die untere Ebene, als Panda oder Wal - oder gerade deshalb, ab als Maus für die Katze und der Schlange... Oder kein Weg zurück: das erste Mal Mensch, dann zum 2. mal, 5. mal, 9. mal??! Die Symbiosen von Tier und Mensch haben ihre Wege, Sinne, Schicksale, Vorhersehungen, überall. Unterschiede zu Gott, Glaube, Universum von/über Tier und Mensch! Tiere sind voller Treue und Liebe zu bösen, gewalttätigen Menschen - nur als Beispiel.

Annweiler am Trifels, März 2018

Fotos - Titel: Bad Bergzabern 2017 (Kunst mit Frau), Klappentxtfoto: Alzey 2017 ("Queen" mit Puzzle)

LEBENSSONNE Version April 2025 (Orginal-Lyric: Dezember 2017)

Meine letzte Lyric oder Poetry oder Prosa (heißt das jetzt so oder so...)! Dezember 2017 hatte ich meine 1. Poetry einige Tage nach meinen Schlaganfall-Kliniken: endlich Freiheit, endlich Lebenssonne, endlich Zukunft! Die Lyric wurde oft wiederholt bei meinen Books. Diesmal bei meinem endgültigen letzten Buch ist eben die Lebenssonne Version 2025... Die Inspiration war gestern bei meinen viele-Bücher-Recherchen-Best-of. Ich war mal wieder erstaunt, was 2017, 2018, 2019 war und jetzt 2025! Im Endeffekt sind keine Veränderungen. Ich hab meine positiven, reinen Energien und Pläne und Ziele. Aber ich meine, das ich 2019 oder 2020 besser geschrieben habe, vielleicht motivierter, spaßiger, inspirierter, als jetzt 2024, 2025! Mein ehemaliger (schade!!) Betreuer Stefan R. sinnierte, das meine letzten Büchern besser sind. Er hat recht, es ist geordneter, logischer. Natürlich hab ich immer noch gute Poetrys. Irgendwie war wohl früher mehr Lametta... Womöglich kann es sein, das 2017, 2019 mehr Ziel war mit mehr Motivation für mehr positive Heilung. 2024, 2025 ist immer noch Ziel und Heilung, aber irgendwie zu viel Gewohnheit (egal ob schreiben und Leben). Ich möchte versuchen mit mehr positive Gewohnheitswechsel, Tätigkeiten, was auch immer. Raus aus der Gewohnheit. Mehr Abwechslung im Leben. Vielleicht von meinen Büchern selbst: am Anfang war alles neu, jetzt hab ich die gefühlte 273. Version über

Genesis oder Pink Floyd... Ich hatte viel mehr Kreativitäten, zB meine Zeitläuferin Beatrice Farber, meine alte Seele Michelle Connery, mein kleines Romänchen etc... Nun trete ich in die Stelle - wie beim Leben! Mehr Wagnis mit einem kleinen Job, nicht "ewig im Institut", noch mehr positive Wege. Dadurch höre ich auf Bücher zu schreiben. Ich durfte soo viele Bücher kreiren. Nun ist es vorbei. Für meine noch-mehr-positive-Zukunft. Natürlich kann ich meine Fotos und Lyrics weiterhin schreiben bei facebook & Co. Und mit meiner neuen Homepage "lebenssonne"!! Allerdings hab ich noch ein paar Anfängerfehler, lach...

C P Gerd Steinkoenig   Gerd's Katze Molly hat ihre eigene Seite Bilder, Weisheiten, Sprüche by Gerd Steinkoenig 14.04.2025

Liebe Mrs. P., was soll ich sagen? Es sind Erinnerungen durch Songs. "If You Leave Me Now" (Chicago) ist Gefühlsduselei, keine Kunst. AABER DER SONG!!!! HACH!!!! Das Mädchen von damals, hahaha... Oder die Konzerte! Udo Lindenberg war (heute noch auch) Theater! Ich konnte gar nicht alles sehen. Eigentlich das 2. Konzert (leider nicht), damit ich alles sehen konnte... Oder Open Air mit Genesis, Pink Floyd, Neil Young, Jethro Tull - die erlauchten Kreise... Zusammengehörigkeitsgefühl von Marillion und Peter Maffay. In den 80ern Umsonst- und Draußenfestivals mit Freunde, neue Freunde, Schlafsack versteckt mit der Freundin - und dabei die Musik! TRIBUTE!!!! Geht das auch mit Klassik und Jazz???!! Mrs. P.??! Tribute war eine schwedische Band. Erwartung! Gehirnsphären! Dann Tribute! Ich hatte EIN Konzert - dann NIE MEHR! Strom weg, alles mucksmäuschenstill, wir waren die Aposteln, Tribute hatte gespielt (war Mix aus Mike Oldfield, Progrock-Genesis, Folk). Erst durch You Tube hatte ich Tribute wieder gehört. In dem Fall scheiße... In einem Leben eine Musik-Zeitoase hören und dann nix!!!! Dann kam halt der moderne Kram...

Liebe Mrs. P., das sind keine langhaarigen Legasteniker. Sie hatten ja noch gemeint, Pink Floyd kann ja sehr gut Englisch artikulieren... Das sind sogar intelligente Menschen: Vokalisten, Instrumentenleute, Pruduzenten, Konzertkunst, Videokunst, Arrangments etc... Zum Teil gleichzeitig! Pop/Chartpop mit Madonna oder Take That ist was anders. Da ist 1) Geld, 2) Musik. Im Rock natürlich 1) Musik, 2) Geld...

Und zum 10000000. mal, werte Mrs. P.: Gemälde mit Dali oder Picasso, Bücher mit "Der Herr der Ringe" oder "Die Bibel", Klassik mit Beethoven oder Bach, und eben Kunst im 20. Jahrhundert durch The Beatles oder Chuck Berry...

C P 2. Juni 2019 Gerd Steinkoenig Gerd F Steinkoenig Gerd Gerd Bilder, Weisheiten, Sprüche by Gerd Steinkoenig

51

7. September 2018

In der Klinik Alzey hatte ich - neben meinem "Tagebuch" - eine Liste von 30 Alben! NUR EINE Band! Theraphie im Gehirn... Beispiel: meine 3 Lieblingsbands Genesis, Pink Floyd, The Beatles, d.h. gegebenenfalls Genesis mit Selling England By The Pound, Foxtrot, A Trick Of The Tail, Wind & Wuthering, and then there were three und und und... ABER NUR EINE! Übrigens: Es ist das Genesis-Album The Lamb Lies Down On Broadway (1974). Das war im Oktober 2017 in Alzey. Handynotiz verschollen, im Kopf das Fragment... Pi mal Daumen meine 30 LEBENSALBEN!! Music Was My First Love... Übrigens: grandiose Songs fallen weg, weil halt DIESE Alben da sind oder "nur" große Songs sind, d.h. Bette Davis Eyes (Kim Carnes), If You Leave Me Now (Chicago) oder Teardrop (Massive Attack feat. Liz Fraser) und und...

7

VORWORT

Nach 2 1/2 Jahren wieder ein ISBN-Buch... Im Endeffekt eine Fortsetzung aus den damaligen 7 2017er-ISBN-Büchern. Erinnerungen, "Break" durch Schlaganfall, Musik, Tagebuch - wie immer... Diese 7 Bücher waren DAVOR - "Music Was My First Love" war nur wenige Tage vor dem Schlaganfall. Nun eben DANACH... Es ist schwierig das Momentum hinzukriegen. Vor 1 Jahr oder 8 Monate oder 6 Monate sind die jeweiligen Ist-Gedanken in dieser Zeitoase. Da ist ein Foto in diesem Buch mit "Gefühle sind scheiße". Im November 2018.... Heute jetzt anders... Also, die Feelings dann doch anders als DAVOR, aber kein "Robotermensch"... Wer weiß?! In 6 Monate es dann doch wieder?! Neue Entwicklungen IMMER seit dem "Break". Wer weiß, was diesmal die Entwicklung mit mir treibt :-D Wie soll ich das HEUTE schreiben? Ich mach´s, damit ich die Dokumentations-Fragmente verewige... Glaub ich...

Steckbrief in meiner fb-Chronik:

Kampf, Mut, Wille, Disziplin, Stärke, Zuversicht, Gelassenheit, Demut, Harmonie, Liebe

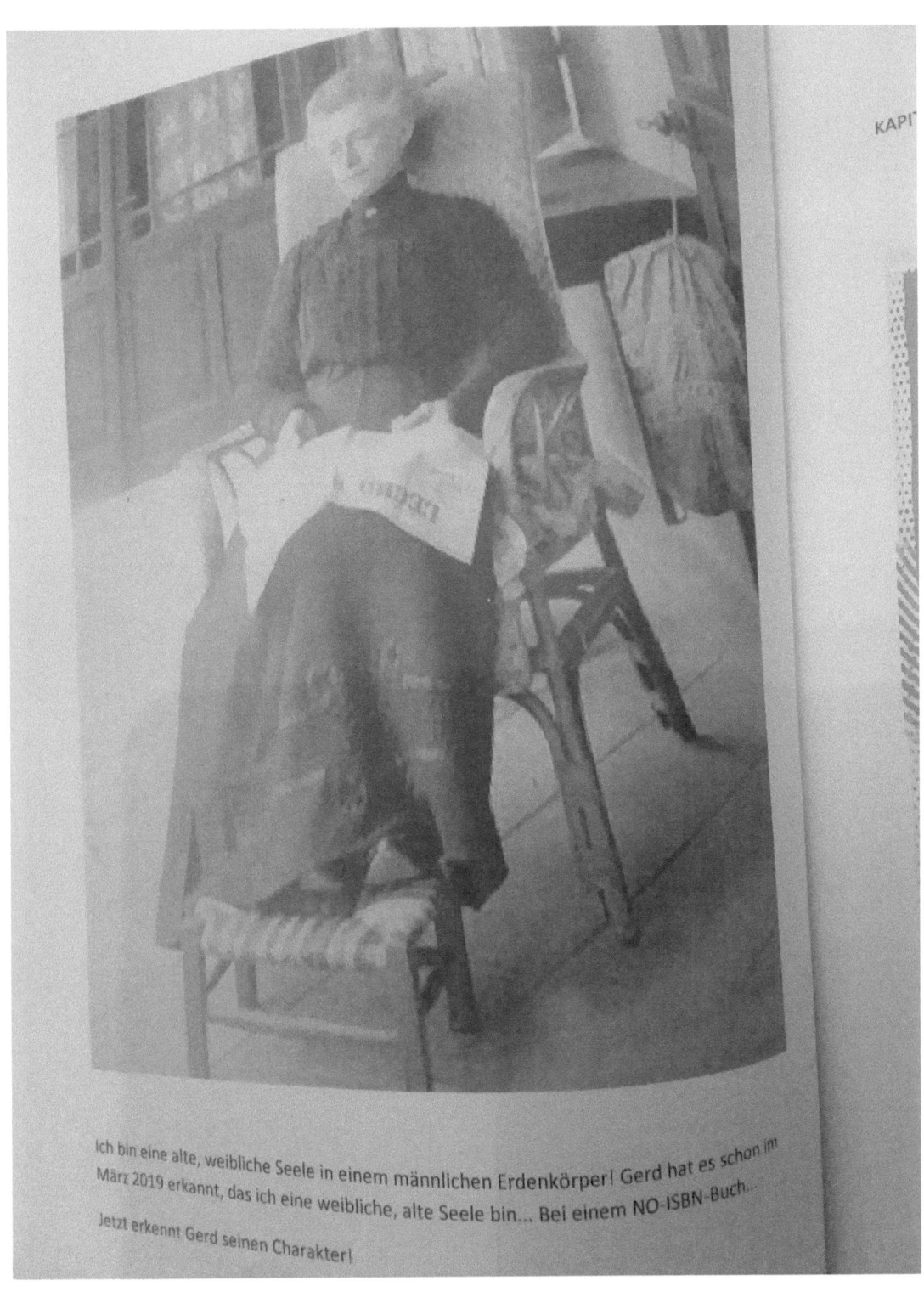

ich bin eine alte, weibliche Seele in einem männlichen Erdenkörper! Gerd hat es schon im März 2019 erkannt, das ich eine weibliche, alte Seele bin... Bei einem NO-ISBN-Buch...

Jetzt erkennt Gerd seinen Charakter!

Da ist sie, meine alte Seele Michelle Connery!

1. Navi CIS hat die Spin Off-Serien Navi CIS: L.A. und Navi CIS: New Orleans. Was viele nicht wissen: Navi CIS ist selbst eine Spin Off-Serie! Von welcher Serie?

2. Nenne 5 Songs, die das Wort "love" enthalten!

3. Welche Tennisspielerin war die erste Deutsche, die Wimbledon gewann?

4. Nenne 5 britische Fernsehserien!

5. In welchem Jahr stieg Peter Gabriel als Sänger/Songschreiber/Flötist von Genesis aus?

6. Wie heißt der Schauspieler, der Shaft im Original-Film "Shaft" darstellt?

7. Wer spielte die Jeannie in der 60er-Serie "Bezaubernde Jeannie"?

8. Wie heißt der Nachfolgefilm von "Haie der Großstadt"? (wieder mit Paul Newman in der Hauptrolle)

9. Nenne die Ehrenspielführer der Deutschen Fußball-Nationalmannschaft!

10. Wer sang das Original des Elvis Presley-Hits "Hound Dog"?

11. Wie heißt das Blues-Album, das die Rolling Stones 2016 veröffentlichten?

12. Nenne 5 Alben aus dem Jahr 1987!

13. Wie heißen die berühmten Schauspieler-Eltern von Moritz Bleibtreu?

14. Wie heißt die frühere Band von Gwen Stefani?

15. Welche große Schauspielerin war die Ehefrau von Humphrey Bogart?

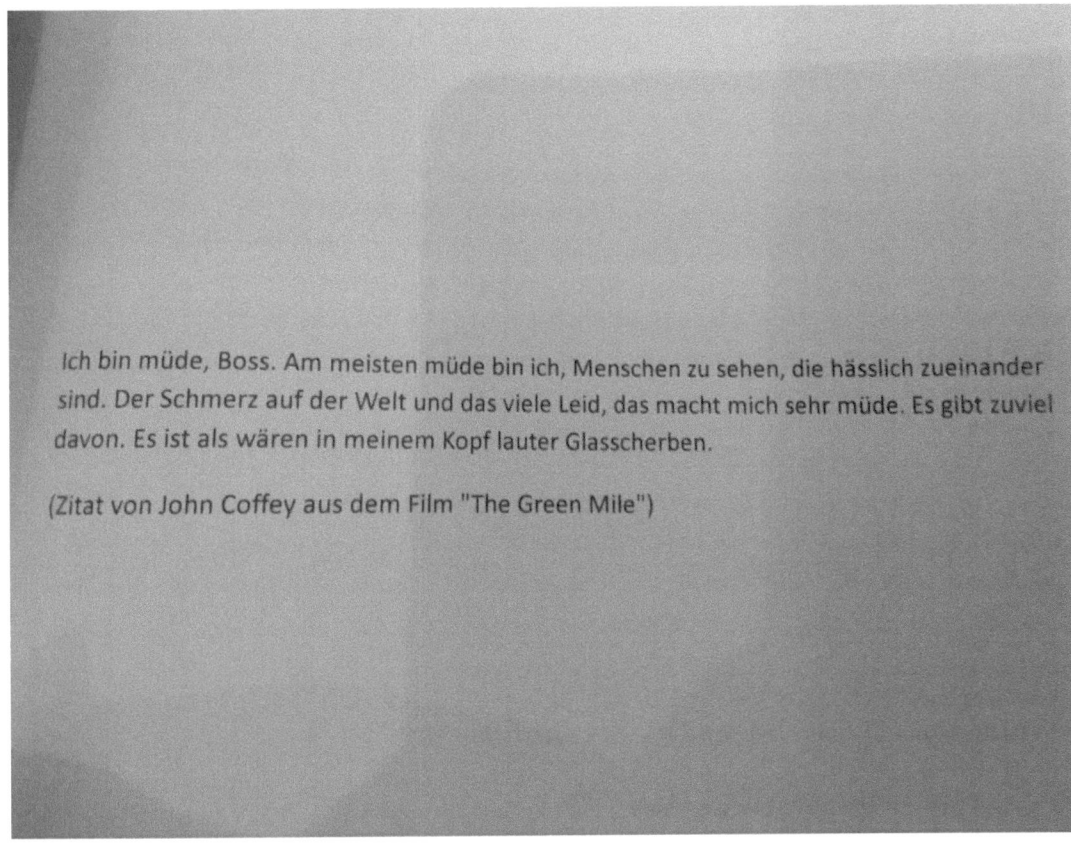

Ich bin müde, Boss. Am meisten müde bin ich, Menschen zu sehen, die hässlich zueinander sind. Der Schmerz auf der Welt und das viele Leid, das macht mich sehr müde. Es gibt zuviel davon. Es ist als wären in meinem Kopf lauter Glasscherben.

(Zitat von John Coffey aus dem Film "The Green Mile")

42 - DIE ANTWORT

Tatsächlich! Siehe Wikipedia "42 (Die Antwort)"... Ich hab dazu das Buch "Per Anhalter durch die Galaxis" von Douglas Adams... Und natürlich die Schwarmdummheit: einige meinten, es gäbe mehrere Teile - aber es ist EIN Roman! Das Perverse ist: Rechthaberei, Aggro, und die Dummen meinen, sie hätten recht... Ist schon lange her, aber es war damals so... Ich hätte weitere Themen dazu mit Schwarmdummheit... Aaaalso: der Beginn des 21. Jahrhunderts war der 1.1.2001!! Natürlich - ist ja klar... - war das Jahrhundertsilvester am 1.1.2000... Der 25. August 1980 war aus den 1970er Jahren! Das kann ich zu 99 % nichts dazu sagen, denn ich bin dann der Idiot, was labert der rum. Schwarmdummheit!! 42 - Die Antwort? Schwarmdummheit durch Trump?

Foto: Gerd Steinkoenig mit Peter Falk (Der Antwortente "Columbo 1973")

Stoisch die Gebäude

In diesen Tagen 75. Jahrestag (27.01.20) in Auschwitz. Viele Dokumentationen, Filme, Talks. Presse. Ich weiß es seit Jahrzehnten, das ist klar. Mittlerweile bin ich anders drauf, durch meinen Schlaganfall von 2017. Andere Synapsen, Gefühle, Leben, Vergangenheit, Positivität. Ich hatte heute das Posting gemacht mit dem Foto mit den vielen Kindern zwischen den Stachelzäunen. Sind sie alle tot? Waren alte Menschen am 27,01,20 erstmals die Wiederholung des Grauens erlebt hatten? Ich hatte mal 2012 meine Prosa ZEIT geschrieben: es geht um ein Haus, ist immer stoisch und steht und in vielen Historien erlebt das Haus, von WWII bis APO. Vom Kind, dann Mutter des Kindes und wiederum das Kind der Mutter... Alles in diesem Haus und der Baum... Genauso nun mit Auschwitz. 1944 oder 1945 Tötungsmaschinerie, Vergasungen, Folterungen (Medizinexperimente), Hunger etc etc... Und jetzt die stoischen Gebäude... Da war was, da sieht man nicht, aber da war was. Absoluter Wahnsinn. Leider ist das 4. Reich schon in Zukunft...

KAPITEL 2

Gerd - Wie geht es eigentlich Dir? Wer bist Du??
Bea - Ich bin eine Zeitläuferin! Du interessierst mich! Es gibt immer Sinn oder Nichtsinn. Bei Deiner Art bin ich neugierig auf dich. Zeitläuferin ist eine Art Dr. Who, wie dieser TV-Seriehheld. Er ist ein Timelord. Ich bin ein bisschen ähnlich...
Gerd- Echt jetzt?
Bea - Ja! Du bist willkommen und siehst immer deinen Horizont. Du bist nicht engstirnig, du bist ein Weltbürger. Aber du bist paradox... Weltbürger - aber zuletzt 1986 im Ausland... In dem Sinn ist das Unsinn. Ich brauche keine Grenzen. Auch in Deutschland kann ich die diversesten Menschen kennenlernen. Hauptsache, du hast Tapetenwechsel, Abwechslungen. Wenn ich Zeitläuferin bin, hab ich zig Lichtjahre pro Sekunde - und ihr habt nur ein paar Kilometer zur nächsten Grenze. Oder diese sogenannten Rechtsradikalen, Nazis. Diese Leute haben keinen Durchblick über das Raumschiff Erde, zerbrechliche Erde, wie diese Menschen einfach die Lebensnahrung wegwerfen, wie die Regenwälder, Ozonlöcher, sauerstoffarme Ozeane, ausgestorbene Tiere etc. Und eben diese scheiß Grenzen. Im Universum ist keine Grenze, nur auf dem Planeten Erde.
Gerd - Wow! Das sind im Endeffekt meine Worte... Über das Raumschiff Erde gibts einige Bücher von mir.
Bea - Hab ich alle Bücher gelesen. Waren nur 5 Sekunden, weil ich eben eine Universumsfrau als Zeitläuferin bin.

Einer der Dialoge mit Beatrice Farber, meine Zeitläuferin!

DER BEOBACHTER

DER BEOBACHTER! Menschen 1895, Menschen 1917, Menschen 1938, Menschen 1955, Menschen 1968, Menschen 1979, Menschen 1986, Menschen 2000, Menschen 2017, Menschen 2023, immer die gleiche Spezies Mensch mit diversesten Zeitgeistern mit diversesten Techniken, Gesellschaft, Wirtschaft, Politik, Kultur, Bildung, Gesundheit, Sicherheit etc etc... Immer die gleiche Spezies Mensch mit den gleichen Instinkten, Charakteren, Macht, Egoismus, Gutmensch, Schlechtmensch, Verstand, Horizont, Disziplin, Neugier, Revierkampf, Krieg, Gewalt, Dummheit, Oberflächlichkeit, Verschwörung, Geschichte, Gott, Teufel, Ahnung, Vorahnung, Nichtahnung etc etc... Der Beobachter sieht die Wälder, die abgerodet werden. Der Beobachter sieht: ein Vater pflanzt ein Bäumchen für seinen Sohn. Der Beobachter sieht Menschen als skrupellose Vergewaltiger, Mörder, Schläger. Der Beobachter sieht helfende, fürsorgliche Menschen als PflegerXinnen, Ärzte/Ärztinnen, BetreuerXinnen. Ein Außerirdischer kann noch keinen Kontakt machen zu den Menschen! Bei den Menschen ist zwar Liebe, Vertrauen, Verständnis - aber zu viel Missgunst, Bösartigkeit, Menschen töten Menschen...
(25.06.2023 C P Gerd Steinkoenig)

MEINE MENSCHEN - weiter mit Gold Silber Bronze

CLAN

Gold - Großvater

Meine große positive Energie! Als Kind, Jugendlicher! Wir waren oft zusammen in seiner Wohnung. Mit ca 11 oder 12 hatte Großvater sein Tagebuch erzählt und ich schrieb. Leider ist es verschollen! Sehr schade! Im Endeffekt wäre das mein 1. Buch gewesen. Er erzählte über den 1. Weltkrieg (Skagarak) und 2. Weltkrieg (Lorient, Normandie). Die 1. Tätigkeit von meinem Vater, als er las, waren gleich Verbesserungen, Fehler streichen - dabei war ich stolz, aber... Da war viel drin, auch von alten Fotos. Vielleicht wurde "die rote Mappe" heimlich fortgeschmissen... Wie ich schon schrieb aus meinen Büchern - für immer in meinen Synapsen - waren unvergessliche Erlebnisse: zB aus den frühen 1960er Jahren, Großvater und ich fuhren mit dem Fahrrad in den Wald und ich lernte (mit 3 oder 4) zählen über die vielen Mauselöchern am Weg (damals hatte man richtige Natur...), und ich dann 1, 2, 3, 4... Großvater saß an einer Bank und erklärte über die Sonne: von diesem Baumwipfelzu diesem Baumwipfel - er schlummert, die Sonne wanderte, und ich beobachtete, bis ich der Wecker war zu ihm, denn ich wusste ja, wo die Sonne an jenem Baumwipfel war... +1987

36

mein Großvater!!

EIN ROMÄNCHEN VON 1966 AUS 2022

Dieses Romänchen hatte ich Ende 2022 geschrieben, hatte Insprrationen von 2 Autorinnen aus dem facebook. Endlich was Neues von meinen Büchern! Endlich ein Roman! Na ja, es ist nur ein Romänchen - für mich trotzdem geil... Verflechtungen von Gerd Steinkoenig über sein Leben bis zu Romanheld "Bert Mangold" eingewoben als Zeit-Romänchen. Und dementsprechend die richtigen Zeitformate erstellt... Ich hatte aus technischen Gründen kein Buch gehabt, aber jeeetzt!! Leider nur mit diesen Fotos als Ersatz. Sorry! Aber ich muss es doch veröffentlichen, hihihi...

BUCH 3

_____

Moi Katzemäädsche Molly März oder April 2005 - 4. Febr. 2021!

In vielen Büchern von Gerd Steinkoenig (und Pseudonymen wie Gerds Seele Michelle Connery und Gerds Zeitläuferin Beatrice Farber) ist meine Katze Molly mit dabei mit Erinnerungen und Fotos... Sie ist unvergesslich! Sie ist das treueste Lebewesen, das ich kenne (vorallem so lange). Als Kleinkind war sie so neugierig und verspielt - oder sie sprang hoch zum Baumstamm und wieder runter (einfach aus Lebensfreude). Später waren 4 bis 5 Katzen zu ihr. Und einen Freund hatte sie auch (ein schwarzes Katerchen). Und sie war fixiert, dankbar, treu imd lieb mit mir. Wir waren ein Team. Sie war immer da und treu: 2 Hunde bei mir als "Babysitter" - und Molly ging zum Nachbarn (und jeden Abend streichelte ich die Molly), wegen Umzug von KL nach Annweiler 1 Woche nicht zusammen - wir begrüßten uns und wieder freudig, die 3 oder 4 Tage in meinem Schlaganfall-Delirium 2017 war sie wie ein Wachhündin an meiner Seite in meinem Bett - nix Futterchen, sie war treue Wachhündin... Und 9 Wochen ohne mich wegen dem Schlaganfall (Kliniken) - sie freute sich und miaute! 1 Stunde nonstop hatte ich sie gestreichelt! Und die Verabschiedung vor ihrem Weg auf die Regenbogenbrücke: urplötzlich hat sie mich hilfesuchend angeschrien MIAAAU MIAAAU, ich sofort zu ihr ins Bett. Sie war so schwach und leicht. Hab sie gestreichelt und die Decke über sie. Aufeinmal schmuste sie mit ihrem Kopf ca 15 Sekunden an meinem Kinn und ging zum Sterben. Es war surreal, es war von Gott: ich umarmte sie und ich schlief einfach ohne Träume -es sollte so sein!! Später war sie schon in ihrer nächsten Lebensdimension, mein Arm war noch am Fell, und DIESER Blick: die erstaunten Augen, der Kopf nach oben, sie hatte definitiv das Licht gesehen!

Nachfolgend moi Katzemäädsche (Fotos von 2015, 2010) und weitere Fotos (z.B. Annweiler am Trifels 2022):

Moi Katzemäädsche Molly 2005 - 2021!! Wir waren Eins!!

Alcorythmen...

SCHALL UND RAUCH!

Ob 2097 Madonna noch vorkommt? Waren ja zu viele Religions- und Sexskandale... Irgendwann vergessen, verschollen! Zeitgeist - und dann nie mehr den Film The Warriors, den Serien Percy Stuart, Follyfoot Farm, oder Billy Preston (war mit den Rolling Stones UND den Beatles), Mud, Kenny, La Belle...

SCHALL UND RAUCH!

Die Beständigkeit der Erinnerung (1931) von Salvador Dali! Fälschlicherweise hieß es in Deutschland "Fließende Zeiten". Gott sei Dank heißt es DIE BESTÄNDIGKEIT DER ERINNERUNG! Dadurch hat das Gemälde Sinn mit diesen richtigen, übersetzten Worten!

Das ist unvergessen!! Hoffentlich!!!!

G P Gerd Steinkoenig Gerd F Steinkoenig

LIEBE VERGANGENHEIT

Ich hab immer wieder Zwiegespräche mit Dir! Einerseits: Deine Vergangenheit ist Verabschiedung. Andererseits: melancholische Erinnerungen und Erlebnisse von Ma. Ba. bis Do. Ph., von "Smile" KL bis "Why Not" Mayen, von 80er-Monnem bis Zeitlos-Chaos-Tour 1986 etc... Ich hab ab und zu Streit von Dir, weil das Leben von der Zeit her woanders ist. Ich hatte Wege, wo mein Leben ganz anders gelaufen wäre - aber... Es bringt natürlich nichts, darüber zu denken, denn Vergangenheit ist Verabschiedung! Für meine positive Zukunft! Keine Dämonen im Hirn, sondern positive Lösungen!

Gerd Steinkoenig Gerd Gerd 03. März 2023

LIEBES "INSTITUT"

Ihr seid eine große Alternative, paralell zu meinen Betreuern

Ihr seid eine Gemeinschaft

Mit Individualität von allen (oder auch nicht)

Jeder hat seinen Freiraum

Ich hoffe, es ist eine positive Alternative

Oder auch nicht...

Gerd Steinkoenig Gerd Gerd 02. April 2023/II

Immer noch Tätärä...

Der Tag vor dem Schlaganfall... Eine der fb-Dokumente... Kreativität im
Sauerstoffmangel

Gerd Steinkoenig ist in Annweiler am Trifels.
24. September 2017 ·

ZEITENWANDEL.... Der Himmel blickt herab wie immer, Menschen flanieren an
der Eisdiele am Wasser, das Dörfchen liegt in der sonntäglichen Mittagspause, das
Wählen fühlte sich an wie im alten Wohnort, aber knapp 5 Stunden stehen wir vor
dem Gau, neue Herausforderungen für die Demokratie, der rechte Mob wird im
Bundestag einziehen. Der idyllische Dorfsonntag ist ruhig und cool wie immer, was
wird uns erwarten.... Sturm im Wasserglas? In 4 Jahren ist der Spuk vorbei? Oder ist
es der Anfang vom Ende der Freiheit? Merkel, Schulz und Co., labert nicht nur,
sondern arbeitet für jeden Bewohner dieses Landes, dann verschwinden auch
irgendwann die bösen Geister, die ihr mit eurer Politik selbst gerufen habt! Natürlich
freut sich jeder 5. oder 6. Bürger über den Einzug der Ewiggestrigen und wetzt
schonmal die Messer, man darf ja wieder in Deutschland....ZEITENWANDEL.... C P
Gerd Steinkoenig, 24.09.17

Gerd Steinkoenig, 24.09.17   ...ZEITENWANDEL... C P

Stunden später bestimmtes Kopfweh, Bier & Zigaretten waren gegen mich, nächste
Frühmorgen Schlaganfall...

Gerd Steinkoenig
24. September 2017 ·

Gerds Schnell-Wahlanalyse 24.9.17, 19h51.... Respekt vor der SPD, ich GLAUBE es
Schulz und Co., das sie in die Opposition gehen. Das die AfD als stärkste Opposition
bei den Sitzungen als Erste der Kanzlerin antwortet - Rechtsradikale als
Oppositionsführer - darf nicht sein. Die SPD wird stärkste Oppositionskraft sein. Und
schon hört man die anderen Parteien über die SPD meckern, sie würden sich aus der
Verantwortung ziehen. Gerade das Gegenteil ist der Fall! Allerdings, Achtung!!!
Schwarz/Grün/Gelb ("Jamaica"-Koalition) ist die einzige Regierungsalternative. Und
mir ist es ein Rätsel, wie CSU und Grüne zusammenkommen sollen... Mein Tipp:
NEUWAHLEN! PS: Vor dem AfD-Haus wird die Demonstration gegen die Nazis
immer aggressiver - wird eine interessante Nacht...

...en Abgang mache - oder es gibt zugabe bis 80 oder

2 Fotos über meine 2 facebook-Posts vom 24. September 2017 - einen Tag vor meinem Schlaganfall! Quasi hab ich noch ein bisschen Doku: "Vor dem AfD-Haus wird die Demonstration gegen die Nazis immer aggressiver - wird eine interessante Nacht...". MEINE Nacht war ca 5:30h (für mich total ungewöhnlich - 5:30!!!!..., wahrscheinlich Ur-Instinkt), zu fb geschaut wegen der endgültigen BTW-Ergebnisses und ruckzuck umgefallen. Schlaganfall!

GERD's BLOOD GERD's BEST MUSIC

Bester Song - We're All Alone (Rita Coolidge)

Bestes Album - The Dark Side Of The Moon (Pink Floyd)

Bester OriginalVideoclip- Anybody Seen My Baby (Rolling Stones)

Seelenverwandter (M) - Neil Young (zB Harvest 1972)

Seelenverwandte (F) - Kate Bush (zB Hounds Of Love 1985)

Legend All Time - The Beatles (zB Abbey Road 1969)

Lieblingsband All Time - Genesis (zB Seconds Out 1977)

Lieblingssänger All Time - David Bowie (zB Heroes 1977)

Lieblingssängerin All Time - Kate Bush (zB The Kick Inside 1978)

Bester Musikfilm - Car Wash

Bester Konzertfilm - The Song Remains The Same (Led Zeppelin)

Bestes Comeback - Deep Purple 1984

Plus The Police, Dire Straits, Sade, Yes, If You Leave Me Now (Chicago), Grandmaster Flash & The Furious Five, Tou Va Changer (Michel Fugain & Le Big Bazaar), Marillion, Jethro Tull, BAP, Tribute-Konzert in Rockenhausen, Forever And For Always (Shania Twain), Peter Gabriel, Prince, Nina Hagen Band, Udo Lindenberg, Alexandra, Rammstein, nochmal Genesis (and then there were three 1978), nochmal Pink Floyd (The Wall 1979), nochmal The Beatles ("Weiße Album" 1968), Depeche Mode, Massive Attack (Teardrop feat Elizabeth Frasier!!), Metallica, AC/DC, Annie Lennox, Nena, Janis Joplin, Jimi Hendrix, Bruce Springsteen, Earth Wind and Fire, Donna Summer, Bob Marley (Redemption Song), Abba, Fleetwood Mac, U 2 (The Joshua Tree 1987), Stevie Wonder and many more!!

mein Vater und ich, Anfang der 1960er (Schifferstadt)

Annweiler am Trifels Bahnhof, 27.11.2023, gepimpt durch Photo Mania, photo dei kai

Immer geil in Landau in der Pfalz: oben das Amtsgericht! Mit Flair aus der Französischen Revolution!

LETZTE MELDUNG!!

C Gerd Steinkoenig, 14. April 2025 (Annweiler am Trifels)

Im definitiv letzen Final-Buch vielen Dank an Menschen, die für meine Bücher glauben! Relativ, womöglich, tatsächlich... An Mutter, Romina Kopf, Stefan Renner, Frau Engel, RAin Annette Wittmer und meine "Ewig"-Mentorin Giuseppa Aquillino!

Vater hatte meine Bücher nie gelesen - zuvor ging er in die nächste Lebensdimension!

Sch... Am Schluss doch ein Fehler... Ich wollte "House" mit einem Gehirn in Händen reinbeamen mit dem Spruch: BENUTZE ES...!

Verlag: BoD · Books on Demand GmbH, Überseering 33,
22297 Hamburg, bod@bod.de
Druck: Libri Plureos GmbH, Friedensallee 273,
22763 Hamburg
ISBN: 978-3-8192-7745-0